LES PETITS LIVRES DE M. LE CURÉ,

Bibliothèque du Presbytère, de la Famille et des Écoles.

PROMENADES

GÉOGRAPHIQUES

en France.

Premièr   Partie.

Aubert et Cⁱᵉ, place de la Bourse.

LES
PETITS LIVRES DE M. LE CURÉ,

BIBLIOTHÈQUE
du Presbytère, de la Famille et des Écoles.

— ◆ —

PROMENADES

GÉOGRAPHIQUES

EN FRANCE.

◎

PREMIÈRE PARTIE.

— ◆ —

PARIS,

CHEZ AUBERT ET Cⁱᵉ, ÉDITEURS,
PLACE DE LA BOURSE.

1843

IMPRIMÉ PAR BÉTHUNE ET PLON, A PARIS.

PROMENADES GÉOGRAPHIQUES

EN FRANCE.

PRÉCIS HISTORIQUE.

La France, appelée autrefois Gaule, fut subjuguée par Jules César, et tomba sous la domination romaine environ 50 ans avant J.-C. Elle fut soumise au grand empire jusqu'au cinquième siècle, époque à laquelle les Francs vinrent s'y établir, sous la conduite de Pharamond, leur chef. Quelque temps après, Clovis porta le dernier coup à la puissance romaine, et fonda une monarchie qui subsiste depuis quatorze siècles.

L'empire de Clovis fut un des premiers établissements qui se formèrent en Europe du démembrement de l'empire romain. L'ancienneté de son origine ainsi que ses souvenirs historiques le placent au premier rang : l'histoire nous a transmis le souvenir des hauts faits d'armes de ses fondateurs, et nous ne pouvons faire un pas dans l'ancienne France sans trouver quelque monument de leur gloire.

DIVISION DE LA FRANCE.

La France, telle qu'elle est aujourd'hui, a pour limites, au nord, la Manche, la Belgique et l'Allemagne; à l'est, le Rhin et les Alpes; au sud, la Méditerranée et les Pyrénées; à l'ouest, l'océan Atlantique.

Les principaux fleuves sont : le Rhin, la Seine, la Loire, la Garonne et le Rhône.

Les principales montagnes sont : les Pyrénées, les Alpes, les Vosges, le Jura et les Cévennes.

Afin de rendre cet ouvrage aussi régulier que possible, nous établirons une division simple et naturelle de la France, et nous suivrons après l'itinéraire qui semblera le plus régulier.

La France était divisée autrefois en quarante gouvernements; depuis 1789, on la divise en quatre-vingt-six départements.

La France se partage ordinairement en cinq parties : le nord, l'ouest, le midi, l'est et le centre.

Ici nous ne suivrons pas cette division ; nous partagerons la France en quatre parties presque égales, et, pour cela, nous diviserons la partie des centres en départements de l'ouest et en départements de l'est.

, Ainsi nous partirons des côtes de la Méditerranée pour suivre plus tard celles de l'océan Atlantique, visiter le nord, et finir nos promenades dans l'est.

MIDI.

La plupart des voyageurs qui décrivent notre pays se croient obligés de prendre la capitale pour point de départ; presque tous commencent la description du midi de la France par la peinture du rivage parisien, où on prend le bateau à vapeur, et il est rare que le lecteur n'ait pas à subir la description de tout le littoral du pont d'Austerlitz aux Bouches-du Rhône.

Nous suivrons une autre marche, et nous supposerons nos jeunes amis transportés sous le ciel de Provence; non pas que nous dédaignions les belles rives de la Seine, mais leur peinture trouvera sa place dans notre petite *Histoire de Paris*.

Nous sommes donc à une des limites méridionales de la France.

Voici Marseille, l'ancienne cité fondée, en l'an 600 avant J. - C., par une colonie de Phocéens venue de la Grèce; elle est fière de son antiquité et de ses souvenirs.

Marseille n'a été réunie qu'en 1481 à la monarchie française : prise et ravagée par Jules César, elle avait été une ville de la république romaine ; les Goths et les Francs en furent aussi les maîtres; affranchie, elle se gouverna elle-même, et tira un grand renom de son commerce et de ses beaux-arts.

Le port de cette ville offre le coup d'œil le plus curieux par la prodigieuse activité qui y règne. Toutes les nations ont là leurs représentants : juifs, chrétiens, mahométans se pressent sur le port, et l'œil étonné contemple cette variété de costumes et de figures, qui produit un effet magique.

Marseille est le chef-lieu du département des Bouches-du-Rhône, qui tire son nom du Rhône, lequel s'y jette dans la mer par deux embouchures principales. Le sol est entrecoupé de plaines, de montagnes, de roches, de vallées, d'étangs ; on y cultive en grand le tabac, l'olivier et le mûrier.

L'éducation du ver à soie est une des principales occupations de la population villageoise, qui se partage entre ces travaux et la pêche du thon et des anchois.

La pêche du thon est assez curieuse pour mériter une mention particulière.

La pêche la plus heureuse se fait ordinairement pendant les nuits les plus obscures.

Cette pêche occupe une multitude de petites barques, qui vont à deux lieues au large environ : là, réunies trois à trois, l'une porte sur son avant un réchaud alimenté par de petites branches bien sèches de pin ou de sapin, afin de produire la plus vive clarté possible pour attirer le poisson ; les deux autres barques associées se tenant à une petite distance, à un

signe convenu mettent à la mer un immense
filet, qu'elles font traîner en le soutenant
chacune par une de ses extrémités, et elles
viennent de cette manière envelopper tout le
poisson qui suit la barque éclairée, en s'avan-
çant le plus silencieusement possible. Il y a de
ces coups de filet qui sont d'un incroyable produit.

Aix et Arles sont deux villes du département des Bouches-du-Rhône qui méritent aussi
l'attention. La ville d'Aix est d'une origine
fort ancienne ; ses antiquités sont visitées avec

enthousiasme par les hommes qui aiment à étudier l'histoire des peuples et des arts dans les monuments.

Arles est la rivale déchue de Marseille sa voisine; elle date du même temps pour son origine. A l'époque où cette cité était plongée dans l'idolâtrie, on avait coutume d'y immoler, le 1er mai de chaque année, trois enfants à Diane. Le christianisme mit fin à ces actes de barbarie.

Draguignan, chef-lieu du département du Var, est remarquable par ses environs : de beaux sites, de hautes montagnes à l'horizon et des arbres odoriférants presque toujours en fleurs font de ce pays un séjour délicieux.

Toulon est la ville la plus importante du département du Var, son port est un des premiers de l'Europe. La ville de Toulon est adossée contre une montagne, une foule de ruisseaux répandent une fraîcheur délicieuse. Toulon est un des ports qui possèdent le triste privilége de donner asile aux condamnés à la peine des galères. Après avoir admiré ce que la ville a de plus remarquable, on est désagréablement distrait par le bruit de chaînes qui se fait entendre du côté du port : c'est le côté hideux du tableau!...

Le département de Vaucluse tire son nom

de celui de la fontaine immortalisée par Pétrarque ; cette fontaine, dont les eaux s'élèvent à une hauteur prodigieuse et débordent avec impétuosité, se change bientôt en une rivière paisible, se divise elle-même en une infinité de petits ruisseaux qui arrosent les campagnes voisines d'Avignon ; cette ville, chef-lieu du département, est assez bien bâtie. Le séjour qu'y firent autrefois plusieurs papes l'a rendue célèbre.

A Pertuis, petite ville à quelques lieues d'Avignon, on célèbre tous les ans une fête, dite de la Belle-Étoile ; voici en quoi elle consiste : la veille de l'Épiphanie, on conduit dans toutes les rues de la ville, au son des tambours, un char rempli de combustibles enflammés. Trois jeunes gens ayant un sceptre à la main et revêtus d'un costume oriental suivent le char à pied. Ces trois individus, qui représentent les trois mages, sont accompagnés de toute la population, dont les accents joyeux se mêlent au son des tambours. Au nombre des coutumes singulières qui distinguent cette contrée, on raconte que dans la vallée de Foris, située dans le département des Basses-Alpes, lorsqu'un enfant doit être baptisé, les parents exigent que la marraine n'ait aucune infirmité physique ou morale, car on est persuadé que l'enfant doit hériter de ses défauts. Après la cérémonie du baptême, la marraine fait cadeau de six douzaines d'œufs à la mère du nouveau-né, et

celle-ci ne peut quitter le lit qu'après avoir mangé tous les œufs.

Près de Digne, chef-lieu du département des Basses-Alpes, on remarque le cratère d'un volcan éteint.

Dans les campagnes du département des Hautes Alpes, et surtout du côté de Briançon, les paysans sont si pauvres que pour labourer leurs terres ils s'attellent à la charrue avec leurs femmes. Un paysan prête volontiers sa femme à son voisin pour labourer sa terre ; mais l'emprunteur doit donner un jupon à la femme prêtée.

Dans la vallée de Champlant, les fêtes patronales appelées *vogues* se célèbrent de la manière suivante : le jour de la fête, on plante un mai dans le champ destiné à la danse, puis on élit un directeur de la fête qui prend le titre de *pasteur*. Cet individu, ayant les cheveux poudrés et portant une longue canne, va inviter à la danse toutes les filles à marier, qui acceptent une invitation en nouant un ruban à sa canne. Le pasteur revient ensuite à l'endroit d'où il est parti, et là il prend la direction des amusements de toute espèce qui terminent la journée.

Dans la vallée de Queyrus le froid est si intense pendant l'hiver qu'on ne peut ouvrir la terre pour inhumer les morts ; on les expose dans les greniers et sur les toits jusqu'au retour du printemps.

Gap, chef lieu des Hautes-Alpes, n'a rien de remarquable.

Valence, chef-lieu du département de la Drôme, est bâtie sur un rocher qui domine le

Rhône, délicieux diorama d'où l'on découvre les plus beaux points de vue. On y remarque la citadelle et le tombeau de Pie VI, mort à Valence en 1799.

Le département de l Isère possède beaucoup de beaux sites et de curiosités naturelles.

Dans la vallée du Val-Godmard on trouve un grand nombre de cascades, dont une a au moins cent vingt pieds de hauteur. On trouve dans cette vallée un petit village, appelé le hameau des Andrieux, qui est tellement enfoncé dans les rochers, que pendant cent jours il est privé de la présence du soleil. Le jour où cet astre doit reparaître, les habitants du hameau se disposent à fêter son retour : ils se rendent avant l'aurore sur un pont voisin, portant chacun une omelette qui doit être offerte au soleil ; en attendant son lever, ils exécutent des danses du pays ; puis, lorsqu'il paraît sur l'horizon, ils lui présentent leur omelette. Après cette cérémonie, on reprend le chemin du village, on mange l'omelette en famille, et le reste du jour est consacré aux plaisirs.

On trouve à peu de distance de Grenoble le village de Chartreuse, qui occupe une vallée très-étendue. Pour y arriver, il faut suivre un chemin très-étroit, resserré entre deux montagnes. Tout à coup le chemin se détourne, devient plus étroit et forme l'entrée de la vallée. On aperçoit alors les habitations des religieux, séparées les unes des autres et dispersées dans la vallée. De hautes montagnes s'élèvent de tous côtés ; un torrent traverse la vallée avec bruit, et forme une superbe cascade en quittant ce lieu solitaire.

Grenoble, chef-lieu du département de l'Isère, a de belles promenades, quelques monuments curieux et des rues bien percées. Cette ville a vu naître le chevalier Bayard, surnommé *sans peur et sans reproche.*

A trois lieues de Grenoble se trouve une fontaine, des eaux de laquelle s'échappent des flammes tour à tour bleues, blanches et rougeâtres : ces exhalaisons, assez semblables à la flamme de l'esprit-de-vin, produisent assez de chaleur pour faire cuire de la viande ou des œufs.

Cette fontaine a reçu le nom de Fontaine ardente.

Les départements de l'Ardèche, de la Haute-Loire et de la Lozère, qui sont contigus, présentent quelques traits particuliers que nous ne devons pas omettre.

Les montagnes de l'Ardèche ont une physionomie sauvage qui n'est pas sans attrait pour le voyageur et pour l'artiste. Ses grands châtaigniers, qui ombragent les vallées, font un magnifique contraste avec l'aridité des escarpements.

Il y a des richesses minérales sous les pas de l'homme; mais il n'y a pas d'exploitation, ou, quand on la rencontre, on voit qu'elle manque de force et d'intelligence. C'est sur le point le plus élevé de ce département que la Loire prend sa source, à deux mille mètres au-dessus du niveau de la mer.

Parmi les curiosités naturelles de ce département, on signale le pont naturel connu sous le nom de pont de l'*Arc*. C'est une arcade demi-circulaire, qui a soixante mètres d'un côté à l'autre et trois mètres de hauteur. Cette arcade paraît avoir été percée dans le roc par les eaux de l'Ardèche, qui, un peu plus haut, offre la fameuse cascade du Regopic. L'eau tombe d'une roche élevée de quarante mètres ; et l'on peut passer sans danger entre la roche et la colonne d'eau.

Nîmes, capitale du département du Gard, fut pendant cinq siècles soumise aux Romains, qui l'ornèrent d'une foule de monuments qui existent encore aujourd'hui. Un des plus curieux est celui qu'on nomme les Arènes ; c'est un vaste amphithéâtre qui pouvait contenir vingt mille spectateurs. On voit encore les ruines du temple de Diane, et le temple d'Auguste a été transformé en cathédrale.

Nîmes est une ville riche et florissante, elle a des rues bien percées et de belles promenades ; une superbe fontaine, construite par les Romains, sert encore aujourd'hui à toute la ville.

Près de Nîmes est le fameux pont du Gard, construit par les Romains pour conduire les eaux d'une montagne à l'autre. Il se compose de trois rangs d'arcades élevés l'un sur l'autre ;

il a 728 pieds de longueur et 174 de hauteur.

Montpellier, capitale du département de l'Hérault, est une grande et belle ville; son école de médecine l'a rendue célèbre à juste titre; elle possède un jardin royal des plantes, le premier qui ait existé en Europe, une belle promenade appelée le Peyrou, ornée d'une fontaine qui distribue l'eau dans toute la ville par différents canaux. La salle de spectacle est assez belle.

Alby, capitale du département du Tarn, n'a de remarquable que la cathédrale, sous l'invocation de sainte Cécile.

Toulouse, capitale de la Haute-Garonne, est une ville très-remarquable sous le rapport de ses monuments. L'hôtel de ville est un des plus beaux de France, après celui de Lyon. Le moulin du Bazacle, qui a seize meules et qui peut moudre huit cents setiers de blé par jour, mérite de fixer l'attention des voyageurs.

Il y a dans l'église des Cordeliers un caveau qui a la propriété de conserver les corps qu'on lui confie; ses murs sont garnis de squelettes réduits à l'état de momies.

C'est à Toulouse que le canal du Languedoc commence son cours. Cet immense ouvrage;

qui joint l'Océan à la Méditerranée, fut commencé, sous Louis XIV, par Paul Riquet.

Toulouse a vu naître Clémence Isaure, institutrice des jeux floraux ; Cujas, célèbre jurisconsulte ; les poètes Palaprat et Campistron.

Carcassonne, chef-lieu du département de l'Aude, est divisée en deux parties égales par la rivière de l'Aude. Cette ville est construite régulièrement et arrosée par plusieurs fontaines d'eau vive.

Il y a quelques années, on célébrait à Carcassonne une fête assez extraordinaire.

Le premier dimanche du mois de décembre, tous les jeunes gens de la rue Saint-Jean sortaient de la ville, armés de gaules, et battaient tous les buissons afin de tuer un roitelet. Celui qui, le premier, en abattait un, était proclamé roi ou roitelet. Le dernier jour du mois, quand arrivait le soir, tous ceux qui avaient accompagné le roitelet à la chasse allaient avec lui dans les rues de la ville. Le cortége se mettait en marche à la lueur des torches et au son des fifres ; et l'on se retirait après avoir écrit sur chaque porte : Vive le roi ! et le millésime de l'année qui allait commencer.

Le jour de l'Épiphanie, le roitelet, une couronne sur la tête, un manteau bleu sur les épaules et un sceptre à la main, sortait accompagné des officiers qu'il avait choisis lui-même, et se rendait à l'église Saint-Vincent pour y entendre la messe. Après l'office, il allait avec sa suite rendre visite à l'évêque et aux autorités. Chacun déposait son offrande dans un bassin qu'un des officiers du roitelet lui présentait, et l'argent provenant de cette quête servait à payer les frais du festin qui mettait un terme à la puissance du roitelet.

Il y a près de Carcassonne une fabrique de draps qui occupe constamment plus de mille ouvriers.

C'est près de Narbonne, ville renommée pour son excellent miel, que le canal du Midi se joint à celui de la Robine.

Perpignan, chef-lieu du département des Pyrénées-Orientales, est une ville peu importante, mais ses fortifications en font une clef de notre frontière.

En quittant Perpignan, on trouve les Pyrénées; ces montagnes offrent aux naturalistes de grandes richesses botaniques. On trouve dans les Pyrénées des productions botaniques de toutes les parties du monde : les sommets glacés de ces montagnes, sont couverts des plantes de la Laponie ; leurs vallées orientales et leurs côtés méridionaux , produisent les plantes des climats les plus chauds de l'Europe et de l'Afrique.

Les sommités des montagnes Maudites, du Mont-Perdu et du Monberc ont des glaciers épais de quarante pieds et plus. Les neiges qui couvrent ces hautes régions se fondent souvent après les orages, et les malheureux voyageurs perdus dans ces déserts sont souvent engloutis ou écrasés par les rochers énormes qui roulent dans les abîmes.

On trouve dans le département de l'Ariége une classe d'individus distincts des autres habitants , qui se livrent exclusivement à la contrebande, qu'ils font comme un commerce légal. Malgré l'active surveillance des douaniers, ils parviennent encore à faire leur métier avec succès. Ils ne sortent jamais sans être armés jusqu'aux dents, et ils font le coup de fusil plutôt que de laisser prendre les marchandises qu'ils transportent ; pour franchir plus facilement la frontière, les fraudeurs arrivés au sommet de la montagne du côté de l'Espagne, lancent leurs ballots qui roulent jusqu'au bas de la pente où des hommes sont placés pour les recevoir.

Foix, capitale de l'Ariége, n'a rien de remarquable que son pont sur l'Arriége.

Dans le département de l'Ariége se trouvent quelques curiosités naturelles, entre autres la roche du Mas. Ce sont deux montagnes séparées à leurs bases et réunies à leurs sommets, elles forment une voûte naturelle sous laquelle passe la rivière de Rise.

En entrant dans le département des Hautes-Pyrénées, nous retrouvons les Pyrénées avec leurs pics élevés toujours couverts de neige, leurs vallées fertiles, leurs torrents impétueux, leurs sites pittoresque et sauvages.

On trouve dans ce département, les eaux de Baréges, de Bagnères et de Cauterets.

Le village de Cauterets, placé dans une vallée solitaire, offre les sites les plus pittoresques : ici l'on voit une forêt, là de riches pâturages, plus loin des rochers escarpés, et cet ensemble produit un effet magique. Près de cette vallée se trouve le lac de Gaube sur lequel on peut faire d'agréables promenades.

Bagnères est la seconde ville des Hautes-Pyrénées, elle possède de beaux monuments, on distingue entre autres : la salle de spectacle, l'hôpital et l'église Saint-Vincent.

Les eaux thermales attirent à Bagnères une foule d'étrangers qui y laissent beaucoup d'argent. On se rend à Baréges deux fois chaque année pour y prendre les eaux.

Tarbes, chef-lieu du département des Hautes-Pyrénées, a des rues larges, bien percées, et arrosées par des eaux l'impides; cette ville possède quelques beaux monuments, parmi lesquels on remarque l'hôtel de la préfecture, la salle de spectacle, et l'hôpital civil.

Tarbes est devenue l'entrepôt de tout le commerce du département, il s'y tient tous les quinze jours des marchés considérables de denrées et de bestiaux.

Tarbes a éprouvé un violent tremblement de terre; mais l'activité des habitants a su réparer ces pertes, et elle est toujours restée la première ville du département.

Le département des Basses-Pyrénées est traversé par les gaves de Pau et d'Oléron, véritables torrents qui détruisent souvent en un jour les travaux de toute une année.

Pau, chef-lieu de ce département, n'a de remarquable que son palais de justice.

Cette ville a vu naître Henri IV.

Bayonne, port au confluent de l'Adour et de la Nive, est la ville la plus considérable des

Basses-Pyrénées; elle fait un commerce considérable avec l'Espagne. On remarque la citadelle construite par Vauban, le port, la place de Grammont et les allées marines, d'où l'on a les plus beaux points de vue.

Les habitants de Bayonne citent avec orgueil la réponse ferme et courageuse que fit un de leurs anciens gouverneurs au roi Charles IX, qui lui envoyait l'ordre de faire exécuter le massacre de la Saint-Barthélemi : «Sire, j'ai transmis votre ordre aux habitants et gens de guerre de la garnison ; j'ai trouvé de bons citoyens et de braves soldats, mais pas un bourreau.»

Cette noble fermeté sauva la vie à un grand nombre de citoyens.

La ville d'Auch, chef-lieu du département du Gers, est bâtie en amphithéâtre et divisée en ville basse et ville haute, un escalier d'environ deux cents marches conduit à la ville haute. Auch possède quelques monuments remarquables, entre autres la cathédrale.

Le département des Landes offre partout un terrain marécageux, couvert de ruisseaux et de bourbiers profonds ; les habitants de ce malheureux pays sont obligés de marcher sur des échasses, afin de pouvoir se soutenir plus sûrement sur ce terrain fangeux : ces hommes vus de loin ont l'apparence de géants.

Lorsqu'un garçon veut demander une fille en mariage, il va chez elle au milieu de la nuit, accompagné de deux de ses amis qui portent des brocs de vin. On se met à table, et la nuit se passe à boire et à manger. Lorsque vient le jour, la fille à marier apporte le dessert. Si, parmi les plats qui le composent; il y a un plat de noix, l'amoureux est éconduit, et prend le titre de *galant à la noix* jusqu'à ce que sa demande ait été plus favorablement accueillie.

La ville de Dax, sur l'Adour, a des bains thermaux très-fréquentés.

Mont-de-Marsan, chef-lieu des Landes, est une ville peu remarquable ; elle est, par le canal des Landes, l'entrepôt du commerce de la contrée, et possède des eaux minérales assez renommées : elle fut bâtie, en 1140, par Pierre vicomte de Marsan.

Dans cette ville on établit des lignes de démarcation très-marquées entre les différentes classes de la société. Les nobles ne se trouvent jamais avec les bourgeois ; et ceux-ci ne fréquentent point les gens du peuple. Cette habitude ridicule nuit beaucoup à l'union qui doit régner dans la société, et les habitants jaloux de conserver leurs droits sont en proie à une jalousie continuelle.

Agen, chef-lieu du département de Lot-et-Garonne, a quelques beaux monuments: la basilique de Saint-Caprais et l'hôtel de la préfecture sont dignes de fixer l'attention du voyageur. Cette ville a aussi de belles promenades; entre autres le Cours, d'où l'on a des points de vue magnifiques.

On voit encore à Agen des bains et des arènes que l'on attribue aux Romains.

Dans les campagnes du département de Tarn-et-Garonne, lorsqu'on célèbre un mariage, les invités sont armés de fusils et de pistolets; quelques-uns portent des rameaux auxquels on voit suspendus des gâteaux, appelés *foua-ches*, de la viande et de la volaille. Le pasteur bénit ces offrandes, qu'on porte ensuite chez la mariée pour servir au repas de noces. Après le dîner, on danse jusqu'au jour; puis, deux heures après que les nouveaux époux se sont retirés, on va enfoncer la porte de leur appartement, et on leur présente une soupe à l'ail fortement assaisonnée.

Les anniversaires des décès sont de véritables fêtes de famille. On donne de superbes repas où l'on doit boire et manger outre mesure.

Montauban, chef-lieu de Tarn-et-Garonne, est une ville bien bâtie et qui a quelques beaux monuments, tels que la cathédrale et l'hôtel-de-ville.

Il se fait beaucoup de commerce à Montauban ; il y a des manufactures d'étoffes communes, de molletons et de draps communs.

Rhodez, chef-lieu du département de l'Aveyron, est une ville sale et mal bâtie. Sa cathédrale seule mérite quelque attention.

On trouve aux environs de Rhodez une montagne qu'on nomme Montagne brûlante. Elle a environ quatre cents pieds de hauteur ; à mi-côte on rencontre une grande crevasse, bordée d'arbres d'un vert pâle, et le milieu est rempli de pierres blanches et rouges calcinées. La nuit cette crevasse a l'aspect d'une fournaise ardente. Si l'on s'approche très-près de la crevasse, on voit un gouffre enflammé. Dans les temps de pluie, on dit que les flammes sortent de ce volcan.

Cahors, chef-lieu du département du Lot, n'a de remarquable que la cathédrale, dont la façade est tout à fait moderne, mais dont les deux coupoles passent pour avoir été construites par les Romains. On croit généralement que cet édifice était un temple dédié à Mercure.

Jadis l'évêque de Cahors était comte; il avait le droit de porter jusqu'à l'autel les gantelets et l'épée. Lorsqu'il prenait possession de son évêché, le vicomte de Cessac, son vassal, devait aller l'attendre à la porte de la ville, la tête nue, sans manteau et un pied déchaussé. Il prenait la bride de la mule que le prélat montait; puis il le conduisait au palais, et il le servait pendant son dîner. En revanche, la mule et l'argenterie dont on se servait lui appartenaient.

Dans le département du Cantal les paysans ont coutume de se régaler entre eux aux fêtes de Pâques et de Noël. Lorsque quelqu'un meurt, les parents du défunt donnent un repas dans la maison mortuaire, et les convives mangent, boivent et rient aux éclats dans la maison où le corps est gisant. Si c'est une femme qui a perdu son mari, ou bien un mari qui a perdu sa femme, on fait de nouvelles propositions de mariage au veuf ou à la veuve, qui les écoutent de sang-froid et font valoir leurs raisons pour ou contre. On tue dans chaque famille au moins un cochon par an; on a soin de garder les jambons, qu'on appelle jambes dans le pays, afin de les pendre au plafond pour s'en servir dans les grandes occasions. Ces jambes restent quelquefois un an ou deux pendues au plan-

cher ; et lorsqu'on les sert dans un grand repas, elles sont à moitié pourries. Lorsqu'un
jeune homme demande une fille en mariage,
le père de celle-ci va faire une visite au père du
jeune homme, afin de voir combien il a de jambes à son plafond, car on connaît la richesse
d'un individu par le nombre de jambes pendues
au plafond.

Aurillac, capitale du département du Cantal,
a de jolies rues, de belles promenades et des environs charmants.

Cette ville est la patrie du pape Sylvestre II.

Les habitants du département de la Corrèze
sont actifs et laborieux ; mais ils ont en horreur
l'état militaire. On voit des jeunes gens forts
et vigoureux s'estropier et se donner des maladies incurables, plutôt que de s'exposer à mou-
rir sous les drapeaux.

On dit qu'un jeune homme étant tombé au
sort, son père fit toutes les démarches néces-
saires pour le faire exempter ; n'ayant pu y par-
venir, il demanda si un fils unique de veuve
était exempt de droit. — Sans doute, lui ré-
pondit-on. — En ce cas, vous pouvez exempter
mon fils ; car, dans un quart d'heure, il aura

un motif d'exemption. Vingt minutes après le vieillard n'existait plus.

Tulle, chef-lieu du département de la Corrèze, a une manufacture d'armes à feu, qui, pour la qualité, ne le cède en rien à celle de Saint-Étienne. Cette ville n'a rien de remarquable.

Périgueux, chef-lieu du département de la Dordogne, est une ville peu importante ; elle n'a de remarquable que ses promenades et le pont : on y trouve les ruines d'un temple et d'un amphithéâtre.

Sarlat, petite ville entourée de collines arides,

fut le séjour de Fénelon ; Montaigne et Brantôme y ont aussi reçu le jour.

La grotte de Miremont, qui se trouve entre Sarlat et Périgueux, a cinq cent quarante-cinq toises de profondeur, et la totalité de ses ramifications est de deux mille cent soixante-dix toises.

Bordeaux, chef-lieu du département de la Gironde, est une des plus grandes et des plus belles villes de France. Son heureuse situation sur les bords de la Garonne, son climat doux et tempéré, et enfin le produit de son sol ainsi que celui de son industrie, en font l'entrepôt du monde entier.

Son origine remonte aux siècles les plus reculés. Quand elle passa sous la domination romaine, elle était déjà une cité considérable, sous le nom de Burdigala. Les Romains en firent la capitale de la seconde Aquitaine. Rebâtie et restaurée presqu'en entier par eux, elle ne put cependant échapper aux ravages des barbares qui la gardèrent près d'un siècle sous leur domination. En 509, Clovis la rangea sous sa domination. Deux siècles plus tard, elle eut encore à subir le pillage que l'invasion des Sarrasins apportait à la France entière, et enfin les dévastations des Normands, qui détruisirent en grande partie ses édifices. Au dixième siècle, les ducs de Gascogne la firent rebâtir. Sous la domination anglaise, son enceinte s'agrandit; reconquise par Charles VII, elle fut capitale de la province de Guienne.

Son port, vaste et commode, situé sur les bords de la Garonne, peut renfermer plus de cent navires. Son aspect offre à l'étranger un sujet d'admiration et d'étonnement par l'activité incessante qui s'y déploie et par la belle ligne de façades qui borde la rivière. Les quais larges et sans parapet descendent par une pente douce jusqu'à la Garonne. On y remarque principalement celui des Chartrons, qui est en même temps un des quartiers les plus riches et les plus populeux de l'Europe.

On remarque encore à Bordeaux la cathédrale Saint-André, bel édifice que cette ville doit à ses ducs; bâtie dans le style gothique, elle fut achevée dans le treizième siècle par les Anglais.

Les principales églises sont celle de Saint-Michel, d'ordre gothique aussi, mais d'un style plus pur que celui de la cathédrale. Elle fut bâtie pendant la domination anglaise, en 1160. Le clocher, remarquable par son élévation, ervait de beffroi pour appeler les peuples pendant les guerres civiles. On y a établi un télé-graphe en 1823.

L'église de Sainte-Croix, la plus ancienne des églises de Bordeaux, fut construite par Clovis. Détruite par les Sarrasins, elle fut renversée de nouveau par les Normands ; elle existe enfin telle qu'elle est depuis le commencement du onzième siècle. L'église de Saint-Surin ren-ferme le corps de Roland.

Son château est un bâtiment carré d'une grande étendue, enclos par une superbe grille. Il fut bâti en 1778.

L'édifice le plus remarquable de Bordeaux, de la France, et même de l'Europe entière, est son Grand-Théâtre. Cette ville en est redevable à l'architecte Louis, sous le règne de Louis XVI. La place de la Bourse ferme l'aile de la place Royale, une des plus jolies de Bordeaux ; elle contient une salle magnifique.

Parmi la multitude d'édifices que renferme cette ville, il faut encore remarquer son pont sur la Garonne, composé de 17 arches formant une largeur de plus de 530 mètres. Il fut com-mencé en 1810 et fini en 1820.

Les promenades jouissent d'une réputation méritée. On y remarque les allées de Tourny, les quinconces, le jardin public, d'Albret, de Saint-André, etc.

A trois lieues de Bordeaux est le château de La Brède, où naquit Montesquieu.

On remarque à Bec-d'Ambès un phénomène qu'on nomme Mascaret, et qui paraît fort extraordinaire; c'est une colonne d'eau haute comme une maison et grosse comme un tonneau, qui s'étend, s'allonge, va et revient sur la côte dans tous les sens. Les oiseaux aquatiques se cachent en apercevant ce phénomène: le bruit qui accompagne sa marche est épouvantable, et les bestiaux, qui paissent dans les environs, en sont épouvantés. Les arbres sont déracinés, les barques coulées à fond et les pierres lancées à plus de cinquante pieds de hauteur. On ne connaît pas bien la cause de ce phénomène, mais on pense qu'il est produit par le flux et reflux de l'Océan.

Dans les campagnes de la Gironde, les mariages se font sous le plus léger prétexte : un coup d'œil, un serrement de mains suffisent pour faire un mariage. Le dimanche, après la messe, les hommes se rassemblent d'un côté, les femmes de l'autre; les jeunes gens vont danser au son de la voix fausse et criarde d'un pâtre; lorsque, pendant la danse, on se serre la main, le mariage est décidé; on va dire aux

parents qu'on se convient et on prend jour avec le notaire et le curé, pour la célébration du mariage. On dit alors que les jeunes gens se sont agréés, et quelques jours après ils sont unis.

OUEST.

La ville d'Angoulême, chef-lieu du département de la Charente, est située sur un rocher, bien bâtie et ornée d'une magnifique ceinture de promenades d'où l'on découvre un horizon vaste et agréable à l'œil. L'air y est pur et vif, et propre à la santé. Les habitants sont très-affables ; les femmes se distinguent par une jolie figure et, de plus, par une tournure agréable et distinguée.

On parvient dans cette ville par quatre rampes d'un accès fort difficile. Les rues, quoique propres, sont mal bâties et d'une irrégularité qui blesse l'œil. Maintenant un chemin agréable, planté d'arbres, de 456 toises de longueur, d'une pente douce, descend de la porte Saint-Pierre jusqu'au bord du faubourg de ce nom. La place d'armes est plantée d'arbres, entourée de jolies maisons ; elle est la promenade la plus agréable et la plus fréquentée : l'hôtel de ville et la salle de spectacle la terminent à son extrémité nord. La cathédrale, qui fut rebâtie en 1816, est un assez beau morceau d'architecture gothique. Le port est fréquenté ; la ville possède aussi un pont remarquable sur la Charente et des manufactures de papier qui jouissent d'une grande réputation dans le commerce.

Les Romains parlent peu de la ville d'Angoulême, alors Ecolisma. Clovis la soumit à sa domination. Sous Charles V, elle chassa les Anglais et se soumit volontairement au roi de France. Elle eut à subir diverses irruptions des Normands et fut ensuite dévastée par eux ; plus tard, ce furent les guerres de religion qui vinrent apporter la guerre civile et la désolation dans son sein. Depuis Louis XIV, qui en fit l'apanage du duc de Berri, elle resta l'apanage des princes de la maison royale. Elle était la capitale de l'Angoumois.

Dans plusieurs villages du département de la Charente, la veille de la Saint-Jean, avant le lever du soleil, les paysans vont couper des rameaux verts, pour orner les portes de leurs maisons et de leurs étables ; ils cueillent aussi certaines plantes qui ont la propriété de guérir les maladies des hommes et des bestiaux, et qui détruisent la force des sorts qu'on peut leur jeter ; enfin, ils se croiraient menacés de quelque malheur s'ils ne chassaient de chez eux les poules qui couvent à cette époque.

Limoges, capitale du département de la Haute-Vienne, est une ville remarquable. Entre autres monuments, on distingue la cathédrale, l'évêché, et l'église Saint-Martial. La place d'Orsay, qui occupe l'emplacement d'un amphithéâtre romain, est fort remarquable ; la belle promenade de Tourny mérite aussi de fixer l'attention.

Le département de la Creuse n'offre rien de

bien remarquable. Guéret, sa capitale, est une ville sans importance.

Aubusson possède des manufactures de tapisseries très-estimées. Châteauroux, chef-lieu du département de l'Indre, est une ville peu considérable. On remarque à Poitiers, chef-lieu du département de la Vienne, de belles églises, une bibliothèque contenant 22,000 volumes, de superbes promenades, et plusieurs vestiges d'antiquités. Cette ville est, du reste, assez mal bâtie.

Niort, capitale du département des Deux-Sèvres, est une ville grande et commerçante; elle possède d'assez beaux monuments et de jolies promenades.

C'est à Niort que madame de Maintenon reçut le jour.

La Rochelle, chef-lieu du département de la Charente-Inférieure, est une belle et riche ville maritime, située sur l'Océan, dans le fond d'une anse d'environ 2,500 mètres d'étendue, et dans une situation très-avantageuse pour le commerce.

Cette ville doit son origine à un ancien château-fort, nommé Vauclair, établi dans le dixième siècle pour opposer quelque résistance aux Normands. Des habitants errants, fugitifs, vinrent s'établir à l'entour pour lui demander protection et sûreté ; non loin du fort Vauclair, sur un rocher isolé, était le petit fort Rocca, qui a plus tard donné le nom de Rochelle à la ville qui devait y être construite. Cette ville, en peu de temps, acquit une haute importance ; un comte de Poitou, Guillaume IX, l'entoura de murailles après l'avoir enlevée aux comtes de Rochefort, et la légua, en 1137, à sa fille Éléonore, dite d'Aquitaine, qui épousa Louis VII en premières noces, et, répudiée par lui, épousa le roi d'Angleterre, à qui elle apporta cette ville. Pendant les guerres d'Angleterre et de France, elle passa souvent de l'un à l'autre royaume.

En 1372, Charles V, qui s'en rendit maître, augmenta tellement les priviléges dont jouissait déjà cette ville, qu'elle s'établit en espèce de république. Le calvinisme s'y établit promptement ; elle refusa alors de reconnaître le roi. Les calvinistes en firent long-temps leur meilleure place de sûreté en France ; mais, après un long et cruel siége sous Louis XIII, en 1628, elle se rendit et fut cruellement châtiée de sa rébellion. Ses fortifications furent rasées, ses priviléges abolis, et son port bouché par une digue de 747 toises. Louis XIV rendit aux

Rochelais leur port et fit reconstruire leurs fortifications par Vauban.

La Rochelle renferme dans son intérieur un bassin à flot de 140 mètres de longueur et de 100 mètres de largeur. A quelques mètres des portes est un pont en fer d'une grande élégance et légèreté. Cette ville est assez bien bâtie, propre et percée de manière à offrir un coup d'œil agréable. Les maisons en général offrent des portiques sous lesquels les passants circulent à couvert; ce qui donne aux rues un caractère de grandeur et de régularité, mais qui les rend presque désertes. L'hôtel de ville est un assez beau monument qui renferme la *chambre* d'Henri IV. La place du Château, ombragée d'arbres, sert de promenade et offre une admirable vue sur l'Océan. Outre cette promenade, La Rochelle possède encore les quais du port et les remparts, qui sont plantés d'arbres; à l'intérieur de la ville, le Mail et le Champ-de-Mars. Ce dernier conduit à un village qui alimente toutes les fontaines de la ville. La Rochelle possède aussi des bains de mer qui sont fréquentés par les étrangers. L'évêché y fut établi en 1648 par Louis XIV.

Rochefort est situé sur la Charente, à deux

lieues de la mer. Cette ville fut fondée par Louis XIV. Elle est de peu d'étendue; malgré cela, elle peut passer pour une des villes les plus jolies de France. Elle est entourée de remparts, sans fossés, plantés d'arbres, qui forment une promenade pleine d'agréments. Les rues, toutes coupées à angle droit, sont larges, bien pavées, et entretenues avec la plus grande propreté, quelques-unes sont plantées d'arbres; les maisons, bâties uniformément, sont peu élevées, mais d'une simplicité fort élégante. La place d'armes, placée au centre de la ville, a soixante-dix mètres sur chaque côté et est parfaitement carrée; elle est entourée d'arbres: au milieu est une fontaine surmontée de deux statues représentant la Charente donnant la main à l'Océan.

Rochefort renferme aussi un hôpital magnifique. Son port militaire est le troisième de France, les vaisseaux de ligne du plus haut rang y sont à flot en tout temps. Ce port est défendu par plusieurs forts placés à l'embouchure de la Charente.

La ville de Rochefort n'était dans le principe qu'un château qu'Henri III donna à un officier de sa maison, nommé Poliron. Louis XIV, quand il forma le dessein d'établir un arsenal sur la Charente, jeta les yeux sur ce château en 1664; en 1669, il accorda aux habitants qui étaient venus s'y établir diverses franchises, un corps de communauté, et un hôtel de ville.

Bourbon-Vendée, chef-lieu du département de la Vendée, est une ville nouvelle qui fut bâtie dans le courant du dernier siècle, sur l'emplacement de La Roche-sur-Yon. Pendant les guerres de la Vendée, on se battit souvent dans ses faubourgs et même dans ses rues; ce qui contribua encore à en éloigner les habitants qui venaient s'y fixer. C'est à peine si, en 1807, elle comptait mille huit cents âmes, quand Napoléon lui donna une somme de trois millions pour subvenir aux frais de construction de ses principaux édifices. Sous l'empire elle portait le nom de *Napoléonville*; mais en 1814 elle le quitta pour celui qu'elle a gardé jusqu'à ce jour, de Bourbon-Vendée.

Elle est située au milieu d'une plaine sablonneuse, près de l'Yon; elle est bâtie régulièrement, ses rues sont larges et propres, et tirées au cordeau comme dans toutes les villes modernes. Les maisons, bâties avec soin, ont une construction moderne qui flatte l'œil par sa régularité. Elle renferme trois belles places, des promenades agréables, un hôtel de la Préfecture, des casernes, un collége et une seule église. Sa bibliothèque renferme déjà cinq mille volumes. La population ne s'élève qu'à 5,257 habitants.

Avant la domination des Romains sur les Gaules, la capitale des *Namnetes*, aujourd'hui Nantes, était déjà une cité puissante et florissante, capable de défendre son territoire et portant au loin sur l'Océan les fruits de son industrie, et quelquefois ses armes victorieuses. En 445, les Huns, horde sauvage sortie du fond de la Scythie, vinrent mettre le siége devant ses murs; mais ils se virent forcés de le lever au bout de soixante jours d'efforts infructueux. Souvent, dans les siècles qui suivirent, ses richesses et sa prospérité tentèrent l'avidité des barbares qui dévastaient alors la France sous le nom de Normands. Le 24 juin 843, ils parvinrent à la prendre d'assaut. L'évêque, le clergé et la plus grande partie des habitants devinrent victimes de la barbarie des Normands irrités par une défense héroïque; la cathédrale fut pillée et presque entièrement détruite. Dix ans plus tard ils s'en emparèrent de nouveau; et enfin pour la troisième fois en 893, où ils la ruinèrent de fond en comble et réduisirent les habitants en esclavage. Mais

Alain dit Barbe-Forte, duc de Bretagne, les vainquit et les chassa de son royaume. Il rebâtit la ville, qui se repeupla bientôt. Elle fut prise par le comte de Rennes, Geoffroy, en 992. En 1343, Olivier de Clisson fit lever aux Anglais le siége de devant ses murs et décamper en toute hâte.

En 1491 Charles VIII s'en empara, ou plutôt l'acheta pour 1,100 écus d'or; mais peu de temps après, ayant réuni la Bretagne à sa couronne par son mariage avec la duchesse Anne, cette ville fit légitimement partie du royaume de France.

En 1793 elle repoussa avec vigueur l'attaque de l'armée vendéenne, forte de cinquante mille hommes, et la força de lever le siége : c'est dans cette affaire que fut atteint mortellement Cathelineau, célèbre chef vendéen. Plus d'une fois, dans le cours de notre première révolu-

tion, elle eut encore à repousser leurs attaques ou à déjouer leurs stratagèmes. C'est dans son sein que le féroce Carrier donna un libre cours à sa fureur sanguinaire. Muni de pleins pouvoirs par la Convention contre les royalistes, il organisa ces horribles noyades qui, en vingt jours, détruisirent plus de quatre mille personnes, exécutées sans jugement et sur une simple dénonciaton. Charette, chef vendéen, y fut condamné et fusillé le 29 mars 1795. En 1832, la duchesse de Berri y fut arrêtée, et envoyée captive à Blaye sous la garde du général Bugeaud.

Cette ville, chef-lieu du département de la Loire-Inférieure, est assez bien bâtie ; son quartier neuf est remarquable, il peut entrer en comparaison avec les plus beaux de Paris. On y remarque la place Royale, vaste et assez régulière, si ce n'est d'un côté ; et la place Graslin, construite en 1786, sur laquelle est située la salle de spectacle, brûlée en 1796, reconstruite en 1810. La promenade de la Fosse, le long de la Loire, est très-jolie ; les cours Saint-Pierre et Saint-André, situés entre la Loire et l'Erdre, offrent une très-belle vue ; ils sont bien plantés et décorés à chaque bout de quelques statues. Au bout de ce cours, sur les bords de la Loire, se trouve l'ancien château des ducs de Bretagne. C'est dans ce château que Henri IV signa, en 1598, le fameux édit de Nantes, dont la révocation, sous Louis XIV, fut si fatale à la France.

Les édifices les plus remarquables sont : l'hôtel de la préfecture bâti en 1777 ; la Bourse, ornée d'un beau péristyle de dix colonnes supportant un entablement couronné d'autant de statues ; la cathédrale, dont les tours sont inachevées. Dans l'intérieur, qui est remarquable par sa nef, est le tombeau de François II, père d'Anne et dernier duc de Bretagne.

Ses ponts possèdent une immense étendue, ses quais sont magnifiques.

Nantes a aussi une Banque, un hôtel des monnaies, un abattoir immense, un collége royal, des hospices, et une foule d'autres édifices remarquables. Elle renferme dans son enceinte 33 places et 450 rues ; la population est de 75,895 habitants.

Dans le département de la Loire-Inférieure, un jeune homme qui recherche une fille en mariage doit aller la nuit, sous les fenêtres de celle qu'il aime, chanter une chanson consacrée par l'usage. Si sa demande est agréable, la jeune personne ouvre sa fenêtre et chante un couplet dans lequel elle dit d'espérer ; dans le cas contraire, elle chante un couplet qui le renvoie. Le jeune homme dont la demande a été favorablement écoutée, doit revenir chanter pendant trois semaines toutes les nuits.

Vannes, chef-lieu du département du Morbihan, est une ville maritime située sur la Marse, à trois lieues de l'Océan, avec lequel elle communique par la lagune du Morbihan.

Cette ville remonte à une haute antiquité, et fut la capitale des Vénètes, le peuple le plus redoutable de l'Armorique, et qui ne craignit pas de se mesurer sur mer avec les Romains. Mais on ne sait au juste si la capitale des Vénètes, dont parle Jules César dans ses Commentaires, était située à l'endroit précis où se trouve aujourd'hui la ville de Vannes. Son port ne peut contenir de gros vaisseaux ; mais il est bien fréquenté par la marine marchande.

La ville de Vannes est assez bien bâtie ; mais ses rues sont étroites et escarpées. Ses faubourgs sont considérables. Elle renferme une très-jolie promenade, le Môle, le collége, l'hôpital, l'église de Saint-Paterne.

Sa population est de 11,623 habitants. A quelques lieues de Vannes, en se dirigeant vers la presqu'île de Quibéron, on rencontre les pierres du *Bout-de-Carnac*, placées sur cinq lignes ; elles sont au nombre de quatre mille. Ce monument est d'origine celtique ; il couvre un espace de trois lieues environ.

La ville de Brest, chef-lieu du département du Finistere, est aujourd'hui une grande et forte ville ; on la croit le *Brivates Portus* des Romains. Elle est située sur la côte septentrionale d'une belle et vaste rade formée par l'Océan.

Cette ville, aujourd'hui florissante et redoutable, ne se composait au neuvième siècle que de quelques pauvres maisons cachées sous les murs du château, formant à peine un petit bourg. Les Anglais s'en emparèrent en 1373 comme alliés du duc de Bretagne, et ne la rendirent qu'en 1395. En 1448, sous Charles VII, les Français débarquèrent dans la baie et s'emparèrent du château et du bourg ; mais l'un et l'autre furent réunis à la France trois ans après. Sous le règne d'Henri IV, ce bourg acquit de l'importance ; mais il ne pouvait encore être rangé parmi les villes jusque vers la fin du seizième siècle. En 1631, le cardinal de Richelieu reconnut l'importance de la situation de ce port ; il fit creuser et nettoyer le port et commencer les constructions qui existent encore aujourd'hui. Elles ne furent achevées que sous Louis XIV et ses successeurs.

Le port de Brest est un des plus beaux ports de l'Europe ; il peut contenir seize vaisseaux de ligne et cinquante-quatre autres vaisseaux de guerre, tous à flot, à l'abri des vents et défendus par les batteries d'une citadelle construite sur un rocher escarpé. Sa rade a huit lieues de circonférence, 156 brasses d'eau à marée basse, et peut mouiller cinq cents vaisseaux de ligne ; elle communique à la mer par un canal appelé le *Goulet*, qui est hérissé de rochers à fleur d'eau et garni de chaque côté de trois rangs de canons du plus gros calibre, dont les feux se croisent et protégent le port contre un bombardement.

La ville est partagée en deux par la petite rivière de Penfeld ; l'une de ces parties est connue sous le nom de Recouvrance. La ville haute est très-élevée et ne communique avec la ville basse que par des escaliers très-élevés. Cette ville basse du côté du port est superbe, mais la partie appelée Recouvrance n'a que des rues sales et mal bâties.

Sur le port sont des quais magnifiques, bordés de très-beaux bâtiments. La caserne de la marine peut contenir cinq mille hommes; le bagne pour les forçats, l'arsenal, etc., sont des bâtiments tout construits en pierres de taille et recouverts en ardoises.

Le redoutable et gothique château domine la ville ; il se compose de cinq tours énormes liées ensemble par des chemins de ronde, qui sont couronnés de plates-formes d'une grande solidité avec des parapets et des embrasures pour les pièces de gros calibre. Quelques-unes des parties de ce château attestent une haute antiquité.

Brest est la patrie du célèbre et brave marin Lamothe-Piquet.

Elle renferme 29,773 habitants.

La ville de Saint-Brieuc, chef-lieu du département des Côtes-du-Nord, est agréablement située sur la petite rivière du Gonet, à quelques pas de son embranchement, dans un vallon.

Elle doit son origine à un monastère fondé au milieu des bois, dans le cinquième siècle, par le saint qui porte son nom. Ce monastère acquit une grande importance et des richesses considérables par les libéralités des ducs bretons, auxquels se joignit encore le roi de France Childebert. Jusqu'au neuvième siècle, l'histoire semble oublier de nommer ce monastère : c'est vers ce temps que Noménoë, duc des Bretons, érigea en évêché la ville déjà populeuse qui s'était formée sous ses murs.

Dans les guerres si fréquentes, cette ville ouverte, sans murailles pour la défendre, fut souvent envahie ; vers la fin du neuvième siècle, les Normands en firent la conquête, mais vaincus sous ses murs par Alain *Barbe Forte*, en 937, ils furent obligés de l'abandonner. En

1394 elle fut pillée et saccagée par le duc de Clisson alors en guerre avec son suzerain Jean IV, duc de Bretagne. En 1592, la ville fut prise et pillée par les lansquenets ; en 1799 les chouans s'en emparèrent et voulurent y établir leur quartier général, mais ils en furent chassés par les habitants.

Cette ville, comme toutes celles bâties dans le moyen âge, est mal bâtie et mal percée ; presque toutes les maisons sont construites en bois, et quelques-unes présentent une saillie telle que de chaque côté de la rue les habitants pourraient se donner la main : on y remarque sept fontaines. Deux ponts sont établis sur la rivière : l'un, le Gouet, bâti en 1806 ; l'autre, le Gonédie, construit en 1744 et formé de trois arches très-hardies. Sur l'emplacement de ses murs est une jolie promenade plantée de tilleuls. La cathédrale est un monument druidique qui remonte aux premiers siècles de notre ère ; c'est un édifice d'un style lourd surmonté d'une flèche, mais imposant et majestueux par sa masse ; le chœur est vaste et beau, mais l'autel le masque entièrement.

L'hôtel de ville est une maison fort ancienne; celui de la préfecture est un bel édifice de construction récente.

La ville possède aussi un hôpital général , comme dans la plupart des villes de la Bretagne. Duguesclin y a une statue élevée sur une place qui porte son nom.

La population de Saint-Brieuc est de 11,332 habitants.

Rennes, chef-lieu du département d'Ille-et-Vilaine , est l'ancienne ville *Condate* , capitale des Rhédones, une des cités les plus vieilles de la Gaule armoricaine. Sous les Romains elle faisait partie de la troisième Lyonnaise. Quand l'empereur Maxime s'empara de l'empire , il fit don de l'Armorique à Conan Mériadec qui en forma un État indépendant. Sous le régime des rois ou ducs de Bretagne, Rennes en devint la capitale. Pendant les guerres nombreuses qu'eurent à soutenir les Bretons contre les Français et les Anglais , qui tour à tour convoitaient leur pays, Rennes fut plusieurs fois assiégée : en 843 , par Charles-le-Chauve, roi de France ; en 874 , par Guiraud, un des compétiteurs au duché de Bretagne. Mais elle succomba sous les armes de Conan-le-Petit, assisté des Anglais , en 1152. Dans la guerre, qui fut si fatale à la Bretagne, entre Charles de Blois et Jean de Montfort , Rennes fut tour à tour assiégée et prise par les deux rivaux. En 1342 et 1356, les Anglais cherchèrent en vain à s'en emparer. Au second de ces siéges, Duguesclin, qui était renfermé dans la ville avec quelques-uns de ses guerriers, les obligea de se retirer après neuf mois d'un siége meurtrier. En 1487, elle força La Trémoille, général des armées de Charles VIII, de décamper de dessous ses murs. Elle fut réunie à la France par le mariage de Charles VIII avec Anne, duchesse de Bretagne. Cette ville, avec le reste de la Bretagne, embrassa le parti de la Ligue contre Henri IV; mais la présence de ce bon roi, à Rennes en 1598, ramena vers lui les habitants égarés. Cette ville fut en 1720 en partie détruite par une incendie, qui épargna à peine quelques rues.

La ville est divisée en deux par la Vilaine, sur laquelle sont placés plusieurs ponts dont les plus remarquables sont le pont aux Lions et le pont de Berlin. La partie de la ville assise sur la rive gauche de la Vilaine ne peut guère être considérée que comme faubourg, les rues en sont tortueuses, mal pavées et sales, les maisons bâties en bois et d'une irrégularité qui blesse l'œil; elle est de plus exposée, après les pluies abondantes, à des inondations qui la rendent malsaine. La partie située sur la rive droite, appelée aussi ville haute, est beaucoup plus considérable et d'un aspect agréable, les maisons sont majestueuses et bâties en pierre de granit, toutes les rues tirées au cordeau sur un plan régulier, les places publiques vastes et belles : sur la place d'armes d'un côté est placé l'hôtel de ville, d'un style pur et gracieux ; sa façade forme un fer à cheval, ses deux extrémités ressortent en vastes pavillons. Au milieu s'élève gracieusement l'élégante tour de l'horloge.

La salle de spectacle, qui lui fait face, a été bâtie il y a quelques années seulement ; elle est entourée de belles galeries à arcades, formant bazar.

La place du Palais est d'une régularité sévère et imposante. Le palais de justice, qui occupe tout le haut côté de la place, est un des plus beaux de France. L'intérieur renferme particulièrement des tableaux et des peintures d'une richesse et d'une perfection rares. — On remarque aussi la prison neuve, et la caserne d'artillerie, dite du Colombier, renfermant parc d'artillerie, manége, etc. ; celle de Kergue, et enfin l'arsenal.

La cathédrale Saint-Pierre vient d'être terminée ; son portail est surmonté de deux tours régulières et décoré de cinq rangs de colonnes : le rez-de-chaussée est de l'ordre toscan , le 1ᵉʳ étage ionique , le 2ᵉ corinthien, les 3ᵉ et 4ᵉ étages d'ordre composite.

Les promenades sont agréables et variées : on remarque le Thabor , le Mail , les Murs et le Champ-de-Mars.

On s'occupe dans ce moment-ci d'un quai qui traversera la ville, et changera entièrement son aspect. Au milieu sera un immense bassin à flot pour renfermer les navires et bateaux.

Rennes renferme de 35 à 36,000 habitants.

Les habitants des campagnes du département d'Ille-et-Vilaine ont conservé des usages assez extraordinaires. On traite le mariage comme une simple affaire. Deux individus, voulant unir leurs enfants, se trouvent au cabaret et conviennent du jour des *fiançailles* sans même avoir dit à leurs enfants qu'ils doivent se marier ; le jour fixé arrive, on commence les publications à la mairie, les jeunes gens s'engagent devant le curé et ils sont fiancés. On va ensuite dîner chez le père de la fille ; à la fin du repas, le père du jeune homme vient avec un plat sur lequel on a placé un livre d'église, un chapelet, des bagues et une somme d'argent : ces présents se nomment promesses. Le plat après avoir fait le tour de la table, est placé devant la fiancée, qui doit (pour ne pas manquer aux convenances) pleurer beaucoup et n'accepter l'offrande qu'à la sollicitation du fiancé et de tous les assistants.

Le mariage, qui n'offre rien de remarquable, se célèbre deux ou trois mois après cette cérémonie.

Laval, chef-lieu du département de la Mayenne, est situé sur une colline, sur les bords de la Mayenne, qui partage la ville en deux parties.

La ville de Laval a été fondée autour d'un château construit, dans le huitième siècle, pour arrêter les conquêtes des Bretons. Ce château fut, quelque temps après sa construction, détruit par les Normands; mais, en 840, Guyon, fils du comte du Maine, le fit reconstruire. Les habitants de la contrée, exposés à tous les dangers des guerres cruelles qui désolaient le pays, vinrent sous ses murs chercher un abri contre les fureurs du soldat. Ils formèrent en peu de temps une ville, que Guyon fit fortifier et entourer de murailles. En 1466, elle tomba au pouvoir des Anglais; mais ils n'en restèrent maîtres qu'une année. Laval, dans notre première révolution, fut témoin souvent de scènes sanglantes de chouannerie ; non loin de ses murs, les Vendéens, en 1793, furent défaits et massacrés en partie.

La ville de Laval est encore aujourd'hui entourée de ses antiques murailles ; ses rues sont tortueuses, mal bâties et mal entretenues ; les maisons, dans l'ancienne ville, sont presque toutes en bois et remarquables par leur construction : il y en a qui ont près de sept cents ans d'existence.

Au milieu de la ville est l'antique château, ancienne demeure des ducs et seigneurs de Laval ; il sert aujourd'hui de prison. A côté de ce château se trouve le palais de justice, qui possède une jolie cour bien plantée d'arbres et une jolie façade d'architecture moderne.

Cette ville renferme aussi quelques églises remarquables par leur architecture gothique. A l'extérieur se trouvent des promenades charmantes, bordées de jolies maisons de construction moderne. La population est de 15,000 habitants.

La ville d'Angers, chef-lieu du département de Maine-et-Loire, était l'ancienne capitale des Andecaves. Les Romains, quand elle passa sous leur domination, l'embellirent par de nombreux édifices, mais dont les ruines n'ont pas survécu au temps et aux dévastations des barbares qu'elle eut plus d'une fois à subir. Childéric, roi des Francs, l'assiégea dans le cinquième siècle. Dans le neuvième, les Normands remontèrent plusieurs fois le cours de la Loire, et saccagèrent Angers. Dans les siècles qui suivirent, elle fut souvent disputée par les Bretons, les Anglais et les Français, et passa tour à tour sous leur domination. En 1585 l'armée des protestants surprit le château, qu'elle garda quelque temps. Pendant la révolution, les Vendéens cherchèrent plusieurs fois à s'en rendre maîtres; ils n'y purent réussir. Il s'y tint six conciles, et des conférences en 1713 et 1714.

Cette ville est partagée en deux par la Mayenne grossie de la Sarthe et du Loir, et prenant le nom du Maine; elle est bâtie en amphithéâtre, dans une belle situation, sur le penchant d'une colline. La plupart de ses rues sont étroites et malsaines; les maisons sont d'une irrégularité choquante à l'œil, bâties en bois et recouvertes d'ardoises. Mais elle a aussi son quartier neuf, qui offre un contraste immense avec son ancien quartier. Au centre sont les boulevards, entourés de jolies maisons bâties en pierres blanches et dans le goût moderne; les rues y sont larges, spacieuses et bien aérées.

La cathédrale est un édifice construit dans le style gothique, et surmonté de deux jolis clochers en pierre à flèches. Les voûtes de l'intérieur, de près de 80 pieds de hauteur, ne sont soutenues que sur des faisceaux de colonnes fort élevées, adossées aux murs latéraux. L'Hôtel-Dieu, qui, en 1155, fut fondé par Henri II, roi d'Angleterre, est un édifice magnifique. On remarque aussi la salle de spectacle, l'hôtel de la préfecture, le haras et l'académie d'équitation, les promenades du Champ-de-Mars, de la Trévire et du Bout-du-Monde, le château, et la place du Ralliement, la plus belle d'Angers. La population de cette ville est de 35,000 habitants.

De quelque côté qu'on arrive à Tours, chef-lieu du département d'Indre-et-Loire, l'œil est également enchanté. D'abord un des plus beaux ponts que l'on puisse voir, ensuite une rue large, qui traverse la ville en entier, forme avec le pont un aspect d'autant plus attachant, que la beauté contraste avec le reste de la ville. La cathédrale, sous l'invocation de saint Gatien, est admirable par la grandeur de son vaisseau et la hardiesse de ses voûtes. L'église Saint-Martin était regardée comme une des plus vastes qui existassent; mais elle a été détruite pendant la révolution.

Tours a de nombreuses fabriques d'étoffes de soie ; il se fait aussi dans cette ville un grand commerce de fruits.

Aux portes de Tours est le château de Plessis-les-Tours, bâti par Louis XI, qui y termina sa carrière.

Blois, chef-lieu du département de Loir-et-Cher, est traversée par la Loire, et bornée au midi par une plaine vaste et fertile. Elle possède un pont magnifique qui réunit les deux parties de la ville. Ce pont est remarquable par une colonne qui a près de cent pieds de haut, et dont le travail est exquis. De belles fontaines ornent Blois, et répandent dans la ville une fraîcheur délicieuse. Les eaux de ces fontaines viennent par un aqueduc en forme de grotte artistement taillé dans le roc, et que l'on croit être un ouvrage des Romains. La Préfecture et le château sont les monuments les plus remarquables. C'est dans ce château que fut assassiné le duc de Guise par ordre de Henri III.

Louis XII naquit à Blois, et y fit, comme ses successeurs, un assez long séjour.

Le commerce de Blois repose sur des fabriques d'étoffes de laine, de ganterie très-renommée, de bonneterie et de coutellerie.

Les environs de cette ville sont charmants ; à

chaque pas on trouve des sites pittoresques et de magnifiques points de vue. A quelque distance on découvre le château de Chambord, sur lequel François 1er épuisa toutes les ressources du goût et de la magnificence; on compte dans ce château plus de quatre cents chambres, et les écuries peuvent contenir au moins douze cents chevaux.

Louis XV fit cadeau au maréchal de Saxe du château de Chambord en 1745.

Le Mans, chef-lieu du département de la Sarthe, est une grande et ancienne ville, située sur les bords de la Sarthe, au penchant d'une colline.

Cette ville, qui est bien antérieure à la conquête de la Gaule par Jules César, devint sous la domination romaine une des plus grandes et opulentes de la Gaule; sous Charlemagne elle avait encore conservé son rang et ses richesses, mais dans les neuvième et dixième siècles les Normands la saccagèrent deux fois et la dépouillèrent de la plus grande partie de ses richesses. A peine relevée de ses désastres, l'incendie, vint dans le douzième siècle d'abord, puis dans le quinzième, la ruiner de nouveau; dans le seizième la peste vint à son tour lui faire expier son opulence et sa prospérité passée, et enfin dans le dix-septième et dans le dix-huitième siècle la famine, le seul fléau qui l'eût épargnée, vint mettre le comble à l'infortune qui pesait sur elle, et anéantir à jamais sa grandeur passée. Sous les règnes de Henri III et de Henri IV, elle embrassa le parti de la Ligue ; mais le maréchal de Bois-Dauphin fut obligé de la rendre à Henri IV le 2 décembre 1589, après avoir, par son opiniâtreté, fait souffrir les habitants des dégâts de la guerre et les avoir accablés d'impôts.

Les anciens quartiers de cette ville sont mal bâtis ; les rues en sont tortueuses, étroites et mal bâties. Mais la ville, sans être précisément régulière, offre des maisons bien construites, en pierre de taille et recouvertes en ardoise. La place des Halles offre un très-beau coup d'œil à cause du point où viennent aboutir les routes principales. La cathédrale est un fort beau monument gothique, dont la construction a duré près de 600 ans ; on y distingue trois ou quatre genres de constructions de différents âges depuis le onzième siècle ; ses vitraux sont aussi remarquables. La promenade des Jacobins, ombragée de tilleuls, est fort agréable. Elle a aussi l'hôtel de la préfecture, le collège, la nouvelle salle de spectacle, le séminaire, etc.

Les alentours en sont très-agréables, ils offrent des sites riants et gracieux. A la ville
aboutissent sept grandes routes, toutes bordées
de peupliers, qui présentent des avenues pro-
longées à une grande distance. — Le Mans
renferme 24,000 habitants.

La Flèche est une jolie petite ville située sur les
bords du Loir, au milieu d'un vallon charmant,
environnée de coteaux couverts de vignes et de
bois, qui offrent un coup d'œil délicieux.

Cette ville est bien bâtie, les rues en sont
larges et propres et coupées parfaitement bien.

Des eaux se répandent de toutes parts dans la ville, amenées du coteau de Saint-Germain par un aqueduc de plus de 500 toises de longueur. Un collége royal y fut fondé par Henri IV en 1603, c'est dans ce collége que Descartes fit ses études. Sous l'empire, il est devenu une école royale militaire. C'est un bel et vaste établissement ; l'entrée en est décorée par un portail enrichi de sculpture, et décoré du buste de Henri IV. Il renferme une très-belle cour et un jardin magnifique attenant au parc, que traversent et rafraîchissent plusieurs ruisseaux qui vont se répandre dans les bâtiments.

La Flèche renferme : une église d'architecture moderne, mais avec des voûtes d'une grande hardiesse ; une agréable promenade sur les bords du Loir ; une bibliothèque riche de 22,000 volumes.

A une petite distance de cette ville est le château bâti par Fouquet de La Varenne ; ce château, d'une belle architecture, possède une superbe orangerie, un beau et vaste jardin , des prairies et un mail.

La population de La Flèche est de 5,500 habitants.

FIN DE LA PREMIÈRE PARTIE.

Les *Petits livres de M. le Curé* forment une collection variée d'ouvrages illustrés de charmantes vignettes qui peuvent être mis avec fruit entre les mains de l'enfance et de l'adolescence.

Pour l'*éducation morale*, cette publication offre un grand choix d'historiettes ou contes à la façon du chanoine *Schmid*, inédits, et rédigés par M. l'abbé *de Savigny*, dont les ouvrages d'éducation jouissent d'une popularité méritée.

Pour l'*éducation intellectuelle* : le résumé de l'histoire des peuples anciens et modernes, une série des meilleurs ouvrages classiques, le rudiment des sciences, des arts et de toutes les connaissances usuelles.

Pour l'*éducation religieuse* : l'Histoire de l'Ancien et du Nouveau Testament, l'Imitation de Jésus-Christ, les saints Évangiles et les Beautés de l'histoire du Christianisme, etc.

Pour

15 *francs*, on devient propriétaire de 50 petits volumes dont on peut faire soi-même une intelligente répartition.

58 *francs*, un conseil municipal pourra remettre entre les mains du desservant d'une paroisse ou d'un chef d'école communale 200 volumes.

110 *francs*, le chef spirituel d'un diocèse ou l'administrateur d'un département aura 400 volumes à distribuer (deux collections entières formant 200 ouvrages complets).

1000 *francs* (remise de 60 fr.), un conseil-général votera une distribution locale de 4,000 volumes, et chaque école participera à la répartition.

La *Bibliothèque du Presbytère*, publiée avec luxe, est placée sous le patronage du clergé, des autorités municipales, des chefs d'institution et des mères de famille.

Il paraît tous les samedis 1 vol. illustré de 10 à 15 gravures. Prix : *trente centimes*.

— Imprimé par Béthune et Plon. —